PROGRAME

D'UNE CÉRÉMONIE

EN L'HONNEUR

DE L'ÉGALITÉ,

DE LA LIBERTÉ ET DE LA RAISON,

PROPRE A ÊTRE EXÉCUTÉE

TOUS LES DÉCADIS,

DANS TOUTES LES COMMUNES

DE LA REPUBLIQUE.

PARIS,

Chez AUBRY, Libraire, rue Baillet, entre celles de
de la Monnoie et de l'Arbre-sec, no. 2.

An II de la République.

« Qu'EL est le but de notre Révolution? où tendons-
» nous? au règne paisible de l'Egalité et de la Liberté;
» au règne de cette justice éternelle, gravée dans le cœur
» de tous les hommes. Nous voulons un ordre de chose, où
» l'ambition soit le désir de mériter la gloire et l'estime de
» leurs semblables, où les citoyens soient soumis aux magis-
» trats, les magistrats au peuple, et le peuple à la justice,
» où les arts, l'agriculture et le commerce, soient la source
» de la prospérité publique, où l'amour de la patrie, prenne
» la place de l'amour de l'argent, et les bonnes gens,
» celle de la bonne compagnie; nous voulons en un mot,
» un peuple puissant, magnanime et heureux, à la place
» d'un peuple misérable et frivole ».

Discours de ROBESPIERRE, *du* 17
Pluviose, l'an II.

PROGRAME

D'UNE CÉRÉMONIE

EN L'HONNEUR

DE L'ÉGALITÉ, DE LA LIBERTÉ,

ET DE LA RAISON,

PROPRE *à être exécutée, tous les* DÉCADIS, *dans toutes les Communes de la République.*

IL faut un culte à l'homme, ne fut-ce que pour le délasser de ses travaux; mais au lieu de l'établir sur des religions prétendues révélées, comme celles que nous avons détruites et qui n'étaient que des ruses d'imposteurs, il faut lui donner pour base, l'amour de la Patrie, de la vertu, de la justice et de la bienfaisance, et pour objet, le rétablissement des mœurs.

L'empire des prêtres est particulièrement ce qu'il faut se hâter de détruire; en vain on s'attacherait à déclamer contre leurs jongleries; tant qu'ils exerceront leur ancien métier, il se trouvera toujours des fripons pour les soutenir et de dupes pour les croire.

« Si on ne cherchait pas (dit le citoyen Labastays)
» à remplacer les religions révélées, par un culte ana-
» logue â la religion naturelle, la seule qui soit propre
» à fomenter les progrès de la lumière et de la raison,
» non-seulement on s'exposerait à manquer son but,
» mais à favoriser la perversité des êtres malveillans,
» qui profitent de toutes les occasions pour induire en
» erreur et parvenir à leurs fins ».

Il y a donc un véritable danger à abandonner le peuple dans une circonstance aussi délicate. Qu'on le

A

suive en effet dans les temples de la Raison, qui remplacent aujourd'hui nos églises, on verra qu'il y cherche en vain l'instruction et le délassement. On y est bien témoin des efforts que font quelques bons patriotes pour remplacer les pratiques superstitieuses de l'ancien clergé, par des hymnes, des chants et des discours de morale; mais il y a si peu d'ensemble dans leur marche, on y remarque si peu d'ordre et même si peu de dignité, qu'il est à craindre que ces mêmes hommes rassemblés par le besoin d'exercer un culte, ne se dégoutent bientôt de celui qu'on leur offre et ne reviennent à leur eau-bénite, à leurs croix, à leurs cierges, comme on a toujours vu le peuple se porter de lui-même à tout ce qui faisait pompe et spectacle.

Qu'on se persuade au moins ici que les moyens ne manquent pas! Faut-il frapper, émouvoir, par des signes extérieurs? Nous avons nos jalons, nos vases, nos tuniques, nos rubans, nos guirlandes, qui valent bien sans contredit la *bannière*, les *étoles*, les *chapes*, les *chasubles*, les *burettes* et le *goupillon* des adorateurs du fils de Marie. Faut-il faire retentir les voûtes de nos temples par des chants de toute espèce? Nous avons nos hymnes à la Liberté, à la Victoire, à la Bienfaisance, à l'Union conjugale, qui font bien autant de plaisir à l'oreille que les *Kirie eleison*, le *Gloria in excelsis*, le *Credo*, le *Domine salvum*, &c.? Est-ce le prône de la messe qu'il s'agit de remplacer? Ne l'avons nous pas tout entier dans la nécessité de lire publiquement le bulletin des loix et de publier les naissances, les adoptions, les mariages, les divorces et les décès. Seraient-ce les processions que l'on regretterait? Mais comment cela pourrait-il être, quand on a vu quelques-unes de nos nouvelles cérémonies, et qu'il n'y manque visiblement qu'un certain ordre et de l'ensemble pour leur donner cette dignité, qui imprime le respect aux moindres choses? Serait-ce enfin les sermons des prédicateurs? — On en a re-

marqué sans doute qui avaient encore un véritable talent après les Bossuet, les Fléchier, les Massillon, les
Saurin, etc.; mais que ne doit - on pas espérer de celui
de nos orateurs modernes qui auront des choses si élo-
quentes à dire sur l'amour de la patrie, sur celui de ses
semblables, sur l'obéissance aux loix, sur l'horreur que
l'on doit avoir pour les tyrans mitrés et couronnés, sur
les avantages de la République, sur les charmes de
l'égalité, etc. etc., sujets bien plus importans pour des
républicains que la *laideur du péché mortel*, les *effets
de la grace efficace*, les *fruits du sacrement de pénitence*,
la *durée des peines du purgatoire*, et autres idées absur-
des des sectateurs du Christ.

Ainsi donc il est démontré que nous ne perdons
point au change, puisqu'un culte fondé sur la raison
et la justice, fait nécessairement des hommes justes,
tandis qu'établi sur des momeries il ne peut faire que
des imbécilles et des fanatiques.

Les choses étant ainsi, je vais présenter successi-
vement le détail de tout ce que je crois essentiel à
faire pour parvenir à établir une cérémonie, sinon
pompeuse, au moins décente et simple, qui puisse-être
exécutée dans la plus pauvre de toutes les Communes,
et ne blesser en rien les principes de notre sainte
égalité.

J'ai conservé, autant qu'il m'a été possible, les hymnes républicaines auxquelles le peuple a semblé donner la préférence jusqu'à ce jour; je m'applaudis d'autant plus de cette détermination, que tout récemment
Dufourny a fait observer aux Jacobins que certains
auteurs substituaient des couplets bons ou mauvais
aux hymnes de la Liberté qui, loin de produire de
l'effet sur ceux qui les entendaient, amortissaient au
contraire en eux la première impression qu'ils avaient
reçue. Il n'est rien tel en effet qu'une première sensa-
tion, sur-tout quand elle a été générale; aussi retrou-

[4]

vera-t'on au nombre de mes Hymnes conservées, celles *Veillons au salut de l'empire*, et *Allons, enfans de la patrie*, qui ont tant fait de plaisir à tous ceux qui les ont entendues.

Quant aux hymnes que je propose de faire chanter au peuple sur le bonheur des époux bien unis, sur la bienfaisance, sur la douceur de la maternité, ainsi que les discours que je propose également de faire prononcer à ce sujet; il a bien fallu que, ne me sentant pas le talent de les faire, je les laisse en blanc dans mon programe: mais j'ai pensé à cet égard que si l'on trouvait quelque chose d'utile dans mon projet, nos meilleurs orateurs, ainsi que nos plus célèbres poëtes, sur-tout ceux qui jusqu'à ce jour ont employés leurs talens à chanter l'Égalité, la Liberté et la Fraternité, s'empresseraient de venir à mon secours et s'attacheraient à peindre en traits de flamme les douces émotions de la bienfaisance, ainsi que les charmes inexprimables de toutes les vertus civiques et morales.

J'ai pensé aussi qu'en n'admettant aux fonctions de Célébrans que les plus vertueux et les plus sages de chaque Commune, j'anéantissais pour jamais cette race infernale de prêtres, qui mettaient à profit la vénération qu'on leur portait, pour s'approprier l'hommage que l'on rendoit à la Divinité et se faire passer tout au moins pour ses représentans sur terre. Il est vrai que je ne me borne pas à les faire figurer dans les cérémonies comme des mannequins, et que j'assigne à chacun d'eux, dans la société, l'auguste fonction de surveiller les mœurs et de ramener insensiblement les hommes à l'amour de leur devoir par des exhortations fraternelles, et sur-tout par des exemples de vertu : mais je crois bien qu'en ceci je n'aurai pas le mérite de l'invention, et qu'il n'y aura pas un seul bon citoyen qui, en desirant des nouvelles cérémonies, ne desire en même-temps de les voir tourner au profit des mœurs, sans lesquelles il n'existe point de gouverne-

[5]

ment durable. Aussi vais-je passer à la description de
mon objet, sans me permettre de nouvelles réflexions.

Je commence par celle de l'intérieur du temple.

Dans le fond, il serait pratiqué un retranchement
qni aurait son entrée par le dehors et qui communi-
querait avec l'intérieur par un portique décoré.

Dans ce local s'assembleraient tous les personnages
destinés à représenter dans la cérémonie, soit comme
objet essentiel, soit comme accessoire.

L'autel, au lieu d'être au fond du chœur, serait à
l'entrée, et on ménagerait autour les places de ceux
qui composeraient le cortège, sans pourtant lui donner
une grande étendue, ni le séparer par des grilles.

Cet autel serait d'une structure simple et de forme
ovale, surmonté d'une statue de l'Egalité de grandeur
naturelle, faisant face au portique. Aux deux principales
faces seraient exécutées en bas-relief les figures de la
Liberté et de la Fraternité; la première avec l'attribut
de son bonnet, et la seconde représentée par deux
hommes se serrant dans les bras.

Aux deux côtés de cette espèce de sanctuaire seraient
pratiquées deux banquettes surmontées de guirlandes
et disposées en face l'une de l'autre; la première
destinée aux époux mariés dans le courant du mois, et
la seconde aux peres adoptifs ou autres qui auraient
fait des actes éclatans de bienfaisance; elles seraient
assez élevées pour qu'elles pussent être apperçues de
toutes les parties du Temple.

Sur l'un de ces côtés serait la tribune des Instituteurs de morale, encore plus élevée que les banquettes,
et qui servirait à toutes les lectures ainsi qu'aux discours de morale.

Du reste: on ferait, dans l'intérieur du temple, telles
dispositions que le local comporterait, soit pour placer le peuple d'une manière convenable, soit pour lui
ménager des issues, soit, enfin, pour exécuter des
marches intérieures telles que celles que je propose

d'établir les grands jours de Décade, c'est-à-dire, à la dernière Décade de chaque mois.

Mais avant d'entreprendre de les décrire, je vais donner le détail de personnages qui doivent composer la cérémonie, et j'y joindrai leur fonctions morales dans la Société, ainsi que leurs costumes.

NOMS, fonctions et costumes des personnages qui doivent être employés dans la cérémonie Décadaire.

LE SAGE. Ce serait le principal personnage, qui ferait à-peu-près les fonctions de nos anciens pontifes. Il serait choisi parmi les sexagénaires valides. Sa principale fonction dans les cérémonies serait de prononcer les discours et de porter sur sa poitrine le Livre de la Loi.

Dans la vie privée il seroit l'arbitre de toutes les querelles qui surviendraient entre les citoyens de la Commune ; il aurait le droit de condamner celui qui aurait tort, à faire le premier les démarches pour aller embrasser son ennemi et lui demander excuse.

Son costume. Une tunique blanche descendante jusques aux pieds, surmontée d'une camisole rouge, arrêtée à la ceinture et recouverte d'un manteau bleu qui couvrirait seulement les épaules.

Sur sa tête serait un bonnet aux trois couleurs, surmonté d'une guirlande de chêne, et sur sa poitrine une inscription portant ces mots en gros caractère : LA LOI. Tant que notre gouvernement serait révolutionnaire, il tiendrait dans ses mains cette Loi, en place

de l'Acte constitutionnel, que l'un des Surveillans qui suit porterait voilé.

LES SURVEILLANS. Ils seraient choisis parmi les quinquagénaires et précèderaient toujours le SAGE en portant devant lui un tableau sur lequel serait inscrit le nom des citoyens qui se seraient fait distinguer par leurs vertus et leur patriotisme.

Ce serait eux qui surveilleraient les Administrateurs des Hôpitaux et veilleraient à ce que les pauvres fussent bien soignés et ne manquassent de rien.

Leur costume. Il serait le même que celui qui précède, excepté qu'ils n'auraient pas de guirlande sur le bonnet, et que leur inscription sur la poitrine, serait ce mot : BIENFAISANCE.

L'un d'eux porterait, comme je viens de le dire, l'Acte constitutionnel recouvert d'un voile.

LES CENSEURS. Ceux-ci seraient choisis parmi les citoyens les plus vertueux, depuis l'âge de 25 ans jusqu'à celui de 50, et précéderaient immédiatement les SURVEILLANS.

LEUR COSTUME. *Un simple bonnet rouge sur la tête, un large ruban aux trois couleurs à la ceinture, et sur la poitrine ces mots:* DES MŒURS.

Leur fonction privée serait d'avertir en particulier ceux contre lesquels on formerait des plaintes, comme de vendre à faux poids et à fausses mesures, de falsifier les marchandises, de les accaparer, de mener une conduite scandaleuse, etc. et de les dénoncer aux Tribunaux, si après les exhortations fraternelles qui leur seraient faites jusqu'à trois reprises différentes, ils ne se rendaient pas à l'invitation de mieux se conduire.

LES ASPIRANS. Ces derniers seraient choisis parmi les citoyens depuis l'âge de 16 ans jusqu'à 25, et précéderaient les CENSEURS; l'un d'eux, qui serait le plus âgé, porterait le LIVRE NOIR où des mauvaises actions.

LEUR COSTUME. *L'habillement de Sans-culotte, un chapeau rond surmonté d'une plume aux trois couleurs, un ruban tricolor au bras droit, et sur la poitrine ce mot:* VIGILANCE.

Leur principale fonction dans la société serait de tenir (mais cependant sous la direction des Censeurs) ce *Livre noir*, qui serait le registre des plaintes faites contre les citoyens, de faire toutes les démarches nécessaires pour s'assurer de la vérité de ces plaintes, et d'avertir les Censeurs, afin que ces derniers fassent leurs devoirs.

LES ÉLÈVES. Ce serait la dernière classe qui figurerait dans la cérémonie; elle serait composée des enfans choisis parmi les plus studieux des Ecoles primaires, depuis 6 ans jusqu'à 16, et pourrait être composée

LEUR COSTUME. *Une tunique blanche, qui descendrait jusqu'aux pieds, et une ceinture tricolore.*

ainsi qu'il suit:

Deux de l'âge de 6 ans, deux de l'âge de 8, deux de l'âge de 10, deux de l'âge de 12, et un de l'âge de 14 ans.

Leur fonction, pendant la cérémonie, serait celle qui suit:

Le plus âgé porterait le Jalon de la Commune.

Les deux plus âgés, après lui, porteraient le feu sacré de la Liberté.

Les quatre moins âgés, après ces deux derniers, les accompagneraient tenant à la main des vases en forme d'urne, sur chacun desquels serait le nom de nos quatre plus célèbres martyrs, *Marat, Lepelletier, Chaslier* et *Barra.*

[8]

Enfin les quatre plus jeunes, porteraient chacun une flamme, sur chacune desquelles on lirait ce qui suit, savoir:

Sur la première,	*Egalité.*
Sur la deuxième,	*Liberté.*
Sur la troisième,	*Fraternité.*
Sur la quatrième,	*Unité.*

Indépendamment des personnages qui précèdent, il y aurait l'*Instituteur de morale*, et les *Directeurs du chant* que l'on pourrait appeller *Coryphées*, du nom qu'ils avaient dans la musique des anciens, et qui se placeraient entre les Aspirans et les Elèves.

Les fonctions du premier seraient de diriger toutes les cérémonies, et de faire à la tribune, les lectures et publications ainsi que les discours de morale.

Celles des Coriphées seraient d'entonner et de soutenir, d'une voix sonore et juste, les hymnes et autres chants qui seraient adoptées par le Comité d'Instruction publique et décrétées par la Convention.

Dans les Communes populeuses, ou pourrait les renforcer par un plus grand nombre de voix, et même par des instrumens de musique; mais il faudrait ne le permettre qu'à la grande Décade, afin de ne pas trop habituer le peuple aux cérémonies.

On voit par le détail qui précède, que tous les âges de la vie figureraient à peu-près dans la cérémonie que je propose, et que par le soin que je prends de faire choisir les célébrans parmi les citoyens les plus vertueux, je commande necessairement le respect à leur égard, en même-temps que je donne le plus grand poids aux exhortations qu'ils seraient autorisés de faire à ceux qui passeraient dans l'opinion publique pour se conduire mal; aussi suis-je intimement persuadé que du moment que nous établirions parmi nous cette surveillance morale, qui consisterait à poursuivre les méchans et à recompenser les bons, nous ferions bientôt disparaître l'infame egoïsme qui ne peut plus subsister dans une République où l'on n'existe que pour le bonheur commun; car qui pourrait supporter l'idée de ne pas être inscrit sur le tableau des bons citoyens, quand l'opprobre serait le partage inévitable de ceux qui n'y seraient point admis; mais je m'apperçois que j'anticipe sur les réflexions que mon plan est dans le cas de faire naître. Je reviens donc à ma description.

Quand il y aurait une marche à exécuter, (ce qui, comme je viens de l'insinuer, n'aurait lieu qu'aux grandes Décades) : voici l'ordre que l'on pourrait adopter.

ORDRE DE LA CÉRÉMONIE.

Détachement de la Force armée, précédée des tambours.

Les *Élèves*, portant le feu sacré, les urnes et les flammes.

L'*Instituteur de morale* et les *Coriphées*.

Les *Aspirans*, précédés de l'un d'entre eux portant un guidon sur lequel on lirait : *Nous n'aspirons qu'au bonheur de servir la patrie.*

Les *Censeurs*, qui accompagneraient les nouveaux époux unis par une guirlande de fleurs, et que le plus jeune précèderait tenant en main le flambeau d'hymenée.

Les *Surveillans*, portant le tableau des bonnes actions des citoyens de la Commune, et précédés des Pères adoptifs, etc.

Le *Sage* tenant le livre de la Loi.

Enfin, pour terminer la marche, un second détachement de la force armée.

Tous ces personnages sortiraient du foyer ci-devant décrit, à l'heure fixée pour la cérémonie, et se rendraient dans l'ordre précédent a l'autel, en faisant le tour du Temple, par les bas côtés, et reprenant l'avenue du milieu pour y arriver par derrière.

Il y aurait cette différence les autres jours de Décades; 1°. qu'au lieu d'exécuter une marche en grande pompe, les Célébrans sortiraient simplement du foyer et se rendraient à l'autel par le chemin le plus court; 2°. que le nombre des Célébrans seront moins considérable; 3°. qu'il n'y aurait, ni force armée, ni feu sacré, ni

[10]

urnes, ni flammes, ni époux, ni pères adoptifs, ni
tableau, ni livre de la Loi, mais seulement le nombre
suffisant de personnages pour figurer dans la cérémonie.

Pendant la marche, on chanterait l'invocation suivante à l'Égalité, tirée d'un nouveau recueil.

AIR : La beauté fait toujours.

O SAINTE ÉGALITÉ, tes célestes lumières,
Dans tous les cœurs, font germer les vertus ;
Que tes enfans par-tout ne forment plus
Qu'un peuple de héros et qu'un peuple de frères. *bis.*

Tout le peuple.

Que tes enfans etc.

Les Coriphées.

Premier des biens pour les mortels,
Nous voyons donc luire enfin ton aurore,
La douce Liberté vient l'embellir encore
Et se placer sur tes autels ;
Pénétrés de tes saintes flammes,
Ton plus beau culte est dans nos ames ;
Nature enfin reprend ses droits,
La Raison (*bis*) nous rend à ses loix.
La Raison (*bis*) nous rend à ses loix.

Tout le peuple.

O sainte Égalité, etc.

Lorsqu'après la marche chacun aurait pris sa place,
le Sage monterait à l'autel, où deux Elèves lui présen-
teraient un pupitre sur lequel serait le livre des for-
mules à prononcer et dans lequel il lirait l'invocation
suivante :

INVOCATION au grand Être (1).

Suprême intelligence! ame de la nature, et qui peut-être
est la nature elle-même! toi que l'ignorance de l'homme,
ses passions et ses préjugés ont enveloppé des plus sombres
nuages, ton souffle enfin vient de les dissiper, et tu as daigné
te révéler à nos yeux. L'homme vraiment libre était digne
lui seul de te voir et de te juger. Non, tu n'es point un tyran

---

(1) Elle est tirée du discours que le citoyen Monvel a prononcé le
jour de la fête de la Raison de la Section de Guillaume-Tell. Je n'ai
rien trouvé de plus sublime.

farouche, l'ennemi déclaré des humains : tu es leur ami, leur bienfaiteur ; tu ne veux que leur félicité. Loin de leur défendre l'exercice de la pensée, de la raison, tu les environnes de merveilles, pour que ces facultés, qui leur sont propres, trouvent un emploi digne d'elles. Tu ne connais point la vengeance, tu ne connais point la haine et ses fureurs. La cruauté tient à la foiblesse ; la générosité, la pitié, la clémence, sont les attributs de la force. Plus tu peux pour le bien, et moins tu dois vouloir le mal ; l'éternité du bonheur peut-être ton ouvrage, mais non l'éternité des peines. Les méchans sur la terre sont un de ces fléaux, un de ces accidens par qui tu permets que l'ordre apparent soit troublé, mais dont la cause, sans doute utile à tes desseins, échappe à nos faibles regards : c'est le secret que tu t'es réservé. Ils peuvent triompher un moment : mais ta justice les suit et les atteint ; ta justice sévère et non impitoyable, qui plaça les pervers entre les loix humaines et le remords, plus redoutable qu'elles, qui pour juge leur donna leur cœur, et pour bourreau le souvenir de la vertu. Dieu ! si long-temps méconnu ! être sublime, au-dessus des prières, au-dessus des hommages ; tu es la vérité, la vertu, la raison ; tu es l'Egalité, la Liberté, tout ce qui est beau, tout ce qui est bon, la perfection est ton essence, et nos cœurs, enfin dignes de toi, n'ont appris à ne te plus craindre que pour s'instruire à mieux t'aimer. Pour moi, j'attends en paix l'heure marquée pour la destruction de ce foible corps. Mon ame, avec confiance, s'élancera dans ton sein paternel ; tu recevras mon dernier soupir, et tu permettras qu'en s'exhalant il laisse entendre encore ces mots sacrés . . . . VIVE LA RÉPUBLIQUE !

Tout le peuple répéterait alors : VIVE LA RÉPUBLIQUE !

Cette Invocation serait suivie de l'Hymne suivante :

AIR : *Vous qui d'amoureuse aventure.*

VEILLONS au salut de l'empire,
Veillons au maintien de nos droits :
Si le despotisme conspire,
Conspirons la perte des rois.
Liberté ! Liberté ! que tout mortel te rende hommage ;
Tremblez, tyrans, vous allez expier vos forfaits.
Plutôt la mort que l'esclavage,
C'est la devise des Français.

Tout le peuple.

Plutôt la mort que l'esclavage,
C'est la devise des Français.　　*bis.*

Du salut de notre patrie
Dépend celui de l'univers ;
Si jamais elle est asservie,
Tous les peuples sont dans les fers.
Liberté ! Liberté ! etc.

Ennemis de la tyrannie,
Paraissez tous, armez vos bras,
Du fond de l'Europe avilie,
Marchez avec nous aux combats.
Liberté ! Liberté ! que ce nom sacré nous rallie ;
Poursuivons les tyrans, punissons, punissons leurs forfaits :
Nous servons la même patrie,
Les hommes libres sont français.

Jurons union perpétuelle
Avec tous les peuples divers,
Jurons une guerre éternelle
A tous les rois de l'univers.
Liberté ! Liberté ! que ce nom sacré nous rallie :
Poursuivons les tyrans, punissons, punissons leurs forfaits :
On ne voit plus qu'une patrie,
Quand on a l'ame d'un français.

Tant que durerait la guerre avec les puissances coalisées on chanterait les deux Hymnes qui suivent.

PREMIÈRE HYMNE GUERRIÈRE.

ALLONS, enfans de la Patrie,
Le jour de gloire est arrivé ;
Contre nous de la tyrannie,
L'étendard sanglant est levé.   *bis.*
Entendez-vous dans les campagnes,
Mugir ces féroces soldats,
Il viennent jusques dans vos bras,
Egorger vos fils, vos compagnes.
Aux armes citoyens ! formez vos bataillons ;
Marchez, marchez,
Qu'un sang impur abreuve nos sillons.

Tout le peuple.

Marchons, marchons,
Qu'un sang impur abreuve nos sillons.

Que veut cette horde d'esclaves,
De traîtres, de rois conjurés ?
Pour qui ces ignobles entraves,
Ces fers dès lomg-temps préparés ?   *bis.*

Français! pour vous, ah! quel outrage!
Quel transport il doit exciter!
C'est vous qu'on ose méditer
De rendre à l'antique esclavage!
Aux armes, citoyens!

    Quoi? des cohortes étrangères,
Feraient la loi dans nos foyers!
Quoi! ces phalanges mercénaires,
Terrasseraient nos fiers guerriers!   *bis.*
Grand dieu! par des mains enchaînées!
Nos fronts sous le joug se ploieraient,
De vils despotes deviendraient
Les maîtres de nos destinées!
Aux armes, citoyens! etc.

    Tremblez, tyrans, et vous perfides,
L'opprobre de tous les partis!
Tremblez! vos projets patricides,
Vont enfin recevoir leur prix.   *bis.*
Tout est soldat pour vous combattre;
S'ils tombent, nos jeunes héros,
La terre en produit de nouveaux,
Contre vous tout prêts à se battre.
Aux armes, citoyens!

    Français, en guerriers magnanimes
Portez ou retenez vos coups;
Epargnez ces tristes victimes,
A regret s'armant contre nous.   *bis.*
Mais ces despotes sanguinaires,
Mais les complices de Bouillé;
Tous ces tigres qui sans pitié,
Déchirent le sein de leur mère?
Aux armes, citoyens! etc.

    Amour sacré de la patrie,
Conduits, soutiens nos bras vengeurs;
Liberté, Liberté chérie,
Combats avec tes défenseurs!   *bis.*
Sous nos drapeaux que la victoire
Accoure à tes mâles accens;
Que tes ennemis expirans,
Voyent ton triomphe et notre gloire.
Aux armes, citoyens! formez vos bataillons;
    Marchez, marchez,
Qu'un sang impur abreuve nos sillons.

DEUXIÈME HYMNE GUERRIÈRE.

AIR : *Aussitôt que la lumière.*

LA fière Autriche nous brave,
Amis, volons aux combats,
Au vainqueur d'un peuple esclave
Opposons d'autres soldats :
Le serment des patriotes
Est d'affranchir l'univers ;
Sur la tête des despotes,
Peuples, nous romprons nos fers.

C'est ici la juste guerre
Des peuples contre les rois ;
Aux oppresseurs de la terre
Volons arracher nos droits :
De leurs trônes sanguinaires
Arrachons-les à jamais,
Nous bâtirons des chaumières
Des débris de leurs palais.

Qu'a-t-il donc de si terrible
Le trépas pour un guerrier ?
C'est un asyle paisible,
A l'ombrage d'un laurier :
Son ombre, à jamais chérie,
Triomphe avec les vainqueurs ;
On n'a pas perdu la vie,
Quand on vit dans tous les cœurs.

Une invisible puissance,
D'avance à compté nos jours ;
Nul effort de la prudence
N'en peut prolonger le cours :
L'heure fatale est écrite,
Le lâche l'évite en vain ;
La mort l'attend dans la fuite,
Et le frappe avec dédain.

On pourrait, seulement les jours de Décade simple,
changer la première des deux hymnes qui précèdent,
et en substituer une sur le même air, très-connue, et
dont le refrain est celui-ci :

Debout républicains, allons tous à-la-fois,
Allons (*bis*) exterminer jusqu'au dernier rois.   *bis.*

Ces deux hymnes chantées, les Epoux placés sur

les banquettes ci-devant décrites et vêtus tous de même, en descendraient et viendraient se placer, en demi-cercle, au bas des dégrés de l'autel, pour y prêter le serment d'élever leurs enfans dans les principes républicains.

Pendant leur marche, qui serait grave, on chanterait :

Ou peut-on être mieux,　　*bis.*
Qu'au sein de sa famille.
etc. etc. etc.

Quand ils seraient placés devant l'autel, les Coriphées entonneraient l'hymne suivante, qui retrace le bonheur des époux bien unis, et que l'on mettrait sur un air des plus simples, afin qu'il soit plus facilement retenu.

H Y M N E   D E S   E P O U X.

AIR : etc.

Cette hymne achevée, le Sage monterait à l'autel et prononcerait le discours suivant, aux Epoux :

D I S C O U R S   A U X   É P O U X.

HEUREUX Epoux etc.

Jurez etc.

Les Époux répéteraient, NOUS LE JURONS, et se retireraient avec la même gravité.

Pendant que les époux feraient le tour de l'autel, pour reprendre leur place, les Pères adoptifs descerdraient de leurs banquettes, et en feraient également le tour pour venir prendre celle des époux.

Aussitôt qu'ils seraient placés, les Coriphées entonneraient l'hymne suivante.

H Y M N E   A   L A   B I E N F A I S A N C E.

AIR : etc.

Cette hymne finie, le Sage leurs adresserait le discours suivant, qui serait suivie de l'accolade fraternelle.

DISCOURS AUX PÈRES ADOPTIFS.

Braves citoyens etc.

L'accolade donnée, les Pères adoptifs retourne-
raient à leur place de la même manière qu'ils seraient
venus.

L'Instituteur de morale monterait alors à la tribune
pour y faire les lectures suivantes.

LES LECTURES.

Première lecture. Le Bulletin des Loix. Cette lecture serait précédée de la *formule* suivante :

« Je vais vous faire, citoyens et frères, la lecture du
Bulletin des loix qui nous est parvenue depuis tel jour
jusqu'à tel jour. Votre devoir est de l'entendre avec
respect et recueillement ».

Deuxième lecture. L'État nominatif des naissances,
adoptions, mariages, divorces et décès arrivés pendant la décade.

La *formule d'annonce* serait celle-ci :
« Etat nominatif des naissances arrivées, etc. »

Troisième lecture. Les anciens traits de bravoure
& du patriotisme puisés dans le recueil des belles
actions du comité d'Instruction publique et arrangés
par décade comme on avait autrefois distribué le nouveau Testament en évangile des dimanches.

Formule d'annonce. « Je vous invite, citoyens, à
écouter avec la plus grande attention le récit des
belles actions recueillies par le comité d'Instruction
publique ; elles ne pourront, sans doute, que vous
enflammer pour la plus belle de toutes les causes,
et faire naître dans vos cœurs le desir de les imiter.

Quatrième lecture. Les nouveaux traits de bravoure recueillis des Journaux récemment publiés.

Formule d'annonce. « Je vous invite également à
entendre les nouveaux traits de vertu, de patriotisme

et de bienfaisance recuillis des papiers publics. Vous verrez que nous ne dégénérons pas de ceux qui nous ont précédé dans la carrière de la vertu, et que le saint amour de la patrie anime de plus en plus nos frères. »

Cinquième lecture. Le récit des belles actions que la commune ou section aurait ordonné de proclamer.

Formule d'annonce. « L'assemblée générale de notre Commune ayant arrêté que plufieurs de nos concitoyens avaient bien mérité d'elle par des actions de vertu, de patriotisme et bienfaisance ; je vais vous lire l'extrait du procès-verbal qui les concerne afin que vous voyez que dans notre Commune l'amour des vertus civiques n'est pas encore prêt de s'éteindre, et qu'il fait, au contraire, tous les jours de nouveaux progrès ».

» Quant aux noms des Marchands et Artifans qui, au contentement des braves Sans-culottes de cette commune, se sont conformé de bonnefoi à la loi du *maximum*. La liste en est placée en dehors du portique du temple, afin que chacun puisse la consulter toutes les fois qu'il en aura besoin ».

Sixième et dernière lecture. Un extrait de nos meilleurs discours patriotiques prononcés depuis notre immortelle révolution du 31 mai, soit à la tribune de la convention, soit à celle des autorités constituées, soit par les représentans du peuple dans les départemens, soit enfin dans les différentes sociétés populaires de la République, et notamment à la tribune des Jacobins et des Cordeliers de Paris.

Ces extraits de discours seraient comme les anciens traits de vertu et de patriotisme distribués pour toutes les décades de l'année, et arrangés de manière à ce que, recueillis dans une espèce d'Eucologe, chaque Citoyen, que ses affaires empêcheraient d'assister à la

Cérémonie, pourrait les lire chez lui et les méditer profondément (1).

Formule d'annonce. « Pénétrez-vous bien, Citoyens, de la lecture que je vais vous faire ; elle vous rappelera les efforts innombrables que nos braves Montagnards, ces intrépides défenseurs de notre sainte révolution, ont opposé à la ligue de tous les brigands, de tous les scélérats, de tous les fédéralistes qui voulaient l'étouffer dès son berceau, & faire revenir, parmi nous, le règne des abus ».

Ce serait après cette dernière lecture, que l'Orateur ferait un discours de morale d'une demi-heure au plus et qu'il accompagnerait de réflexions sur les événemens du moment.

Le discours fini : les portes du foyer s'ouvriraient de nouveau et l'on verrait sortir deux à deux des Femmes vêtues de blanc et ceintes d'un ruban tricolor, portant chacune dans leurs bras un des enfans nouveaux nés pendant le cours du mois et qui viendraient les offrir à la République, à l'égalité et à la liberté.

Les garçons auraient un bonnet rouge sur la tête et les filles un bonnet blanc.

Pendant la marche, on chanterait l'hymne suivante sur l'air etc.

HYMNE DE LA MATERNITÉ.

AIR : etc.

Quand elles seraient arrivées à l'autel, elles se rangeraient toutes ne demi-cercle au bas, et le sage leur prononcerait le discours suivant :

DISCOURS AUX MÈRES DE FAMILLES.

Heureuses mères de famille, etc.

---

(1) Tous les citoyens instruits, qui auraient recueillis ces sortes de discours, seraient invités à me les faire connaître en s'adressant à mon Libraire, dont l'adresse est ci-devant.

Enfin, la Cérémonie serait terminée par le serment républicain de la maniére suivante :

Un roulement de tambour se ferait entendre.

Le détachement de la force armée se mettrait alors sous les armes.

Pendant que le commandant le ferait placer sur deux lignes à droite de l'autel. Les méres de famille l'entoureraient tenant toutes chacune leur enfant dans les bras.

Pendant ce même temps, les époux et les pères de famille descenderaient de leurs banquettes, et se placeraient en face de la force armée.

Entre ces deux haies, se placeraient alors sur cinq lignes les personnages suivans ; savoir,

Sur la première ligne *les Elèves* rangés de manière que les âges iraient en décroissant de chaque côté, ce qui indique que les deux plus âgés seroient au milieu.

Sur la deuxième ligne, les *Aspirans* ;

Sur la troisième ligne, l'*Instituteur* et les *Coryphées* ;

Sur la quatrième, les *Censeurs* ;

Et sur la cinquième, les *Surveillans* et le *Sage.* Ce dernier serait élevé sur un marche-pied de trois pieds de haut.

Lorsque chacun serait placé de la manière que je viens de décrire, les Coryphées entonneraient l'hymne suivante, ou toute autre que l'on pourrait adopter aux circonstances, car de la même manière que j'ai dit qu'il fallait distribuer par jours décadaires, les traits de vertus et de patriotisme extraits, du recueil des belles actions, on pourrait également distribuer par décades, les hymnes auxquelles les grands evènemens de la révolution auraient donnée lieu. Ces hymnes seraient appel-lées *Commémoratives.* Mais comme ici je désire seulement présenter une hymne assez goutée, en l'honneur de la République, on voudra bien me dispenser d'en offrir une du genre de celles dont je parle quoique je l'intitule du nom que je viens de donner.

HYMNE COMMÉMORATIVE.

AIR: *du vaudeville des Visitandines.*

CITOYENS, malgré les intrigues
Des fanatiques et des rois,
Pour prix de nos longues fatigues,
Nous jouirous de tous nos droits.   *bis.*
Que notre seule politique
Soit d'être toujours bien unis,
Et nous recueillerons les fruits
Que nous promet la république.   *bis.*

Donnons un autre nom, mes frères,
A nos balles, à nos boulets
Envoyés par nos volontaires
Aux auteurs de tant de forfaits :   *bis.*
Ce fut pour eux un émétique ;
Ils ont rendu Longwi, Verdun,
Et ce remède peu commun,
C'est l'anis de la république.   *bis.*

Combattons, et que nos conquêtes
Détruisent les tyrans du Nord :
A leurs peuples donnons des fêtes ;
C'est de nous que dépend leur sort.   *bis.*
Volons secourir la Belgique,
Allons seconder ses efforts :
Nous serons toujours les plus forts
En propageant la république.   *bis.*

De notre Saint-Père de Rome
Nous ne craignons plus les fureurs :
Il voit que près des droits de l'homme
Ses bulles ne sont que vapeurs.   *bis.*
Portons, dans cette ville antique,
Le catéchisme de nos loix,
Pour la voir encore une fois
Devenir une république.   *bis.*

Si nous voulons que la victoire
Fasse le bonheur des humains,
De l'Espagne, que notre gloire
Fasse trembler les paladins ;   *bis.*

Que ce peuple mette en pratique
Notre sainte insurrection ;
Que la grande inquisition
Rende hommage à la république.　*bis.*

Nous irons voir dans la Turquie
Le disciple de Mahomet ;
Il faut qu'il soit de la partie ;
Nous lui dirons notre secret.　*bis.*
S'il prête son serment civique,
Et s'il abjure l'Alcoran ,
Je lui donne, au lieu de turban ,
Le bonnet de la république.　*bis.*

Que la raison soit notre égide
Pour conserver la liberté ;
Et la nature notre guide
Pour établir l'égalité :　*bis.*
C'est un systême sans réplique,
Tout Patriote l'avouera ;
L'univers, alors, deviendra
Par la suite une république.　*bis.*

Amis, redoublons de courage ,
Le ciel protège nos travaux ;
Nous avons par-tout l'avantage
En dépit de tous nos rivaux.　*bis.*
Pour la prospérité publique
Formons les vœux les plus ardens ,
Et nous serons indépendans
Sous les loix de la république.　*bis.*

L'hymne finie, un nouveau roulement annoncerait
que l'on va prêter le serment.

Tous les Militaires tireraient alors le sabre et le
tiendraient en l'air.

Tous les Célébrans et Célébrantes tiendraient leur
main droite élevée

L'Instituteur de morale , élevant la voix, prononcerait le serment qui suit :

SERMENT RÉPUBLICAIN.

Nous promettons , en républicain, que nous extermi-
nerons tous les tyrans, tous les despotes coalisés contre

notre sainte liberté; que nous promènerons le niveau redoutable de l'égalité pour abattre tout ce qui s'élèvera au-
dessus de l'expression solemnelle de la volonté générale;
que nous prêterons l'appui fraternel de notre bras à tout
républicain opprimé ou injustement persécuté; que nous
serons toujours la force du faible et le contre-poids du puissant, les amis des citoyens indigens, et les implacables ennemis de l'opulent égoïste; que nous combattrons et pour-
suivrons tous les abus, restes impurs de la monarchie et
d'un despotisme corrupteur; que nous protégerons les
chaumières, et renverserons tout ce qui pourroit inquiéter
la liberté; qu'autant qu'il sera en notre pouvoir, nulle bas-
tille ne restera sur la terre, nul tyran sur son trône, nul
peuple dans les fers; que tous les hommes trouveront en
nous des frères, et tous nos concitoyens des soutiens iné-
branlables de la république française une et indivisible.
NOUS LE JURONS par les droits immortels de l'homme et
du citoyen.

Au mot NOUS LE JURONS, tout le peuple agiterait
ses chapeaux, ses bonnets, et après le dernier mot du serment, il serait fait un dernier roulement, pendant lequel
tout le monde s'écrierait : VIVE LA RÉPUBLIQUE.

Au même moment, le tambour batterait au champ,
et tout le cortège défilerait par les deux côtés de
l'autel en se rendant directement aux foyer par l'avenue qui y conduit ayant les mères de famille à leur
tête.

HYMNES COMMÉMORATIVES

A composer sur des airs simples,

Pour être chantées chaque jour de Cérémonie décadaire.

Hymne en mémoire du 14 Juillet 1789.
———————————— des 5 et 6 Octobre même année.
———————————— du 10 Août 1792.
———————————— du 22 Septembre 1792, autrement de la Fondation de la République.
———————————— de la Mort du Tyran.
———————————— de la Révolution du 31 Mai 1793.
———————————— de l'Acceptation de la Constitution r̄ publicaine.
———————————— de la Reddition de Lyon.
———————————— de la prise de Toulon.
———————————— de la Destruction de la Vendée.
———————————— de l'anéantissement du Fanatisme.
———————————— de l'Abolition de l'Esclavage des Nègres.
———————————— en l'honneur de l'Egalité.
———————————— de la Liberté.
———————————— de la Fraternité.
———————————— de l'Unité.
———————————— de la Raison.
———————————— de Lepelletier.
———————————— de Marat.
———————————— de Chaslier,
———————————— de Barra.
———————————— des Sans-culottes.
———————————— de nos braves Montagnards.

On n'indique pas d'autres sujets d'Hymne, persuadé que nos Poëtes sauront nous suppléer. Et puis, dans la supposition où il faudrait autant d'Hymnes commémoratives que de jours de Décades, il faut bien en consacrer quelques-unes aux évènemens futurs.

DISCOURS DE MORALE à composer également.

1. Sur les délices de l'Egalité.
2. Sur les avantages de la Liberté.
3. Sur les douceurs de la Fraternité.
4. Sur l'unité et l'indivisibilité de la République.

5. Sur les Droits de l'Homme.
6. Sur la Constitution républicaine.
7. Sur la soumission aux Loix.
8. Sur la destruction du Fanatisme.
9. Sur les devoirs des Magistrats du Peuple.
10. Sur l'infame Egoïsme.
11. Sur l'horreur qu'on doit avoir pour les Tyrans, les Aristocrates, les Fédéralistes, etc.
12. Sur la nouvelle Education à donner.
13. Sur les devoirs des Pères et Mères envers leurs Enfans.
14. Sur les devoirs des Enfans envers leurs Pères et Mères.
15. Sur la régénération des Mœurs.
16. Sur les devoirs du Mariage.
17. Sur le Divorce.
18. Sur la probité qu'on doit avoir dans le Commerce.
19. Sur l'inutilité des Richesses pour être heureux.
20. Sur la Bienfaisance.
21. Sur la nécessité de payer les Contributions
22. Sur le respect dû aux Vieillards.
23. Sur l'obligation de secourir les Infirmes.
24. Sur le mépris qu'on doit avoir pour tout Citoyen qui ne travaille pas.
25. Sur l'Agriculture.
26. Sur la reconnaissance due aux Défenseurs de la Patrie.
27. Sur l'estime qu'on doit aux Gens de métier, tels qu'ils soient.
28. Sur les devoirs des Instituteurs de morale.
29. Sur l'obligation à laquelle sont tenus tous les Citoyens de s'exercer au maniement des armes.
30. Sur la Vertu.
31. Sur l'amitié que nous devons aux Peuples qui briseront leurs fers.
32. Sur la simplicité des Mœurs républicaines.
33. Sur la Propreté.
34. Sur l'inutilité du luxe.
35. Sur la liberté de la Presse.
36. Sur les avantages infinis qui dériveront d'une Paix universelle.

On voudra bien croire que je n'ai pas voulu fixer ici la tâche de personne, mais seulement faire voir que l'on a bien des choses à dire en morale, sans tomber dans la métaphysique, comme on l'a déjà fait dans la section de *Guillaume-Tell*.